LA
SOLUTION

PAR

B. DE FRANCESCO

PARIS

E. DENTU, ÉDITEUR

Libraire de la Société des Gens de Lettres

Palais-Royal, 17 et 19, galerie d'Orléans

1873

LA

SOLUTION

LA

SOLUTION

PAR

B. DE FRANCESCO

PARIS

E. DENTU, ÉDITEUR

Libraire de la Société des Gens de Lettres

Palais-Royal, 17 et 19, galerie d'Orléans

1873

PRÉFACE DE L'ÉDITEUR

Cette brochure a été précédée par l'AURORE PATRIOTIQUE, où le même auteur a exposé, au travers du récit des impressions que lui ont fait éprouver les événements dont Paris a été le théâtre du 4 septembre 1870 jusqu'au jour où, après avoir vaincu la Commune, l'armée y rentrait victorieuse, des considérations générales sur l'origine de la guerre avec l'Allemagne, sa continuation par le gouvernement de la Défense nationale, et introduit un système de gouvernement qui, après avoir fait de la Chambre des Députés une création entièrement nouvelle, comporte aussi celle d'une Chambre haute et un nouveau mode de transmission du Pouvoir.

L'accueil qui lui a été fait l'a engagé à donner à son

sujet un peu plus de développement. Tel a été son but en écrivant celle-ci, où il offre aussi aux méditations du lecteur non-seulement les réflexions que les principaux actes du gouvernement de Bordeaux lui ont suggérées, mais encore comment il comprendrait que la France sortit du provisoire.

Mai 1873.

LA SOLUTION

La France est-elle républicaine ou monarchique? Telle est la question que la nécessité de sortir d'un provisoire plein de dangers pour elle met en demeure de résoudre.

Son étendue, l'importance de sa population, l'esprit de ses lois, le mécanisme de son administration, et plus encore la religion catholique qu'elle professe depuis les premiers jours de son histoire et aux faits de laquelle elle a pris une part si grande qu'elle y est liée indissolublement, l'ont rendue monarchique.

Lorsque dernièrement, à la suite des fautes commises par l'héritier d'une monarchie usurpatrice et pour leur punition le sort a voulu que les armées allemandes envahissent notre patrie, n'était-ce que la colère que nous éprouvâmes qui fit que nos cœurs bondirent et que nos mains cherchèrent des armes pour les repousser ? Non, — nous vîmes au-delà du côté politique, nous comprîmes que, saisissant l'occasion que notre agression lui offrait, l'Allemagne allait de nouveau donner à la civilisation moderne le spectacle d'une de ces invasions formidables d'autrefois où, déversant ses hordes barbares sur le Midi, le Nord impitoyable mettait en pratique déjà les mots qu'il ne prononçait pas encore : *La force prime le droit.*

En effet, n'était-ce pas cette fois encore la lutte du Nord contre le Midi qui recommençait, la lutte entre la barbarie (instinct et force) et la civilisation (intelligence et droit)? Rien d'étonnant dans ce fait, bien que les temps fussent changés et que de grands progrès fussent accomplis : comme le tempérament est immuable, l'Allemand, homme du Nord, obéit au sien dans cette guerre. Il la poursuivit pas à pas avec mé-

thode, et sa marche au travers de nos provinces
était plutôt celle de ces créanciers qui, après la
mort ou la ruine des maîtres d'une maison, la
visitent jusque dans ses moindres recoins, re-
paissant leurs regards à la vue des richesses
qu'elle renferme et gravant dans leur souvenir
celles d'entre elles dont ils feront leur gage, que
celle du soldat dont le bras s'est armé pour défendre sa patrie ou venger l'offense faite à son
nom. Dans cet immense désastre où tout ce qui
avait fait la gloire que la France s'était acquise
semblait devoir être englouti, nous nous ralliâ-
mes sans hésiter, tant la conservation nous en
était précieuse, au gouvernement oligarchique
qui allait tenter de disputer à sa rapacité les
trésors de sciences et d'arts, monuments de son
génie, à l'érection desquels chacun de nos pères
avait apporté son concours.

Sans se préoccuper des personnalités dont était
composé ce gouvernement, la nécessité l'impo-
sait, il fut accepté, et le dévouement de tous lui
fut acquis : défendre pied à pied le sol de la patrie et tâcher, si des circonstances malheureuses

faisaient que nous en perdissions une partie, que l'acharnement apporté par chacun à sa défense effaçât l'humiliation de la défaite, sauvât la France morale et forçât au respect de sa grande infortune le peuple qui, sans l'avoir vaincue, croirait l'avoir conquise !

Ce but a-t-il été atteint? Le cadre restreint que je me suis tracé ne me permet pas de répondre à cette question.

A ce gouvernement qui avait eu à opposer la plus énergique résistance aux armées allemandes et à maintenir dans l'obéissance aux lois les ennemis de l'intérieur, succéda une Assemblée sortie du suffrage universel librement exprimé, qui la chargeait de la reconstitution du pays et l'investissait de la mission douloureuse de conclure la paix vers laquelle tendaient toutes les aspirations, tant chacun gémissait à la vue de la patrie expirante.

A peine cette Assemblée était-elle réunie, à peine avait-elle ratifié l'acte qui allait rendre la France à elle-même et Paris à la France, sans avoir pu cependant lui éviter l'humiliation de voir l'ennemi franchir l'enceinte qu'il avait vaillamment défendue, que, comme s'il n'avait pas été suffisamment éprouvé, le sort lui réser-, vait d'en être encore une fois séparé. Comme il arrive toujours après une grande catastrophe, il se produit chez les peuples comme chez les individus, selon le tempérament, soit un affaissement, soit une irritation. C'est à ce phénomène qu'on pourrait attribuer d'avoir vu à cette époque, après les effroyables épreuves par lesquelles avait passé la population de Paris, sa plus grande partie, affolée, ayant perdu même le sens de la responsabilité qui lui incombait par la révolte de l'autre partie qui, dirigée par d'audacieux aventuriers auxquels d'indignes Français s'étaient joints, devait, en attendant qu'elle l'incendiât, y donner carrière à l'assouvissement de toutes ses passions, ne pas empêcher l'avénement de cette chose étrange qui sera flétrie par l'histoire sous la dénomination de la Commune de Paris, gouvernement auquel Paris, cet immense creuset où les vertus et les vices de toutes les civilisations s'étaient amalgamés, chauffé à blanc par les émotions qui l'avaient agité précédemment, dut de voir, après la dernière et la plus cruelle, celle qui mettait fin à la première période de ses maux, monter à sa surface l'écume de toutes les mauvaises passions, de tous les hideux désirs que la faiblesse du précédent avait laissés se développer, écume épaisse à ce point que la France désolée et le monde surpris se demandaient si, sous cette croûte, il serait possible de retrouver jamais trace de ce qui avait autrefois fait sa gloire et venir à lui les premières de toutes les nations; que, pendant deux mois, au fur et à mesure que les débris de notre malheureuse autant que vaillante armée revenaient de cette Allemagne où ils avaient tant souffert, eurent, pour que rien ne leur eût été épargné, à se servir des armes qui venaient de leur être rendues pour le reconquérir et le rendre à la France, à laquelle les hommes de ce prétendu gouvernement l'avaient ravi.

Paris arraché des mains de ces hommes, beaucoup restait à faire, et si la victoire avait été le prix de l'énergie déployée par le grand

patriote auquel l'Assemblée nationale, exauçant
en cette circonstance les vœux du pays, avait
délégué ses pouvoirs, si, malgré la douleur immense qu'elle éprouvait à combattre des Français égarés parmi lesquels beaucoup avaient
ressenti, comme elle, les maux abattus sur la
patrie, l'armée la lui avait assurée, la tâche n'é-
tait pas encore terminée. Mais si lourde qu'elle
fût ! le chef du pouvoir exécutif, depuis Président de la République, ne devait pas y faillir.
En effet, Paris pacifié, des conseils de guerre en
nombre furent chargés de la mission délicate de
faire l'instruction de cet attentat, d'en recher-
cher les causes, d'en punir ceux des auteurs et
de leurs complices qui n'avaient pas dû à une
fuite précipitée d'échapper au châtiment, d'éli-
miner de leur nombre les inconscients et ceux
que la rigueur des circonstances et l'arrêt de
tout travail avaient jetés parmi eux. La justice
la plus éclairée, l'humanité la plus grande pré-
sidèrent à leurs travaux, et ceux auxquels ils
ont dû appliquer les peines édictées par les lois
ont été suivis, jusqu'à la destination désignée

pour les subir, par la sollicitude bienveillante du gouvernement, qui encore aujourd'hui ne leur fait pas défaut.

En même temps, la plus grande activité était déployée pour réparer les ruines que l'accomplissement de ce grand crime avait causées, et qui dépassaient en horreur et en importance celles qui, quelques jours auparavant, l'avaient été par les obus ennemis.

Entre temps, une révolte formidable s'était déclarée dans notre colonie algérienne; les populations indigènes, fidèles à la tradition qui leur enseigne que celui auquel Allah accorde la victoire est prédestiné à être leur maître, crurent voir, dans la suite de nos revers, un signe qu'il nous avait retiré sa protection. Elles pensèrent que l'heure de reconquérir leur indépendance était arrivée. Les chefs que précisément le gouvernement impérial avait le plus comblés de ses faveurs se mirent à la tête du mouvement, et dirigèrent cette insurrection que, grâce aux événements dont la France gémissait, ils espéraient faire triompher. — Ils furent trompés ; encore une fois ils durent courber la tête sous les plis glorieux du drapeau français, que la victoire agitait sur leurs fronts.

Que de catastrophes en si peu de temps ! et combien il avait fallu que le génie de la France l'eût rendue puissante pour y résister ! Son horizon commençait à s'éclaircir, et, dans un calme relatif, chacun se préoccupait des moyens à l'aide desquels il serait possible que le pays s'acquittât de la dette qu'il venait de contracter pour assurer et surtout hâter sa libération.

Aussi avec quelle *furia* patriotique il fut répondu à l'émission du premier emprunt dont la souscription a dépassé *quatre milliards* pour *deux* qui étaient demandés ! Quel beau démenti ce résultat donnait à ceux qui prétendaient que l'amour de la patrie s'était réfugié uniquement parmi eux !

L'appréciation des autres travaux de l'Assemblée, pendant cettte session, appartenant à plus autorisé que moi, je mentionnerai seulement que ce fût pendant son cours qu'elle vota une grande partie des nouvelles taxes nécessaires à l'équilibre du budget.

Pour celle de décembre 1871 à août 1872, je signalerai à l'attention du lecteur le fait important qui s'est produit à l'émission du deuxième emprunt national ; *trois milliards* étaient appelés, la souscription y a répondu par le chiffre prodigieux de plus de *quarante-deux*. — Quelle preuve plus éclatante de sympathie pour ses malheurs, de confiance dans elle, le monde entier pouvait-il donner à la France ? Au cours de la même session, l'Assemblée vota aussi le complément des impôts proposés par le gouvernement et dont il est question plus haut.

Le plus important d'entre eux est sans contredit celui qu'on pourrait appeler l'*impôt du sang* et que tout Français doit à la patrie.

Tout Français doit le service militaire personnel (titre 1er, art. 1er, de la loi votée par l'Assemblée nationale le 27 juillet 1872). Tout Français qui n'est pas déclaré impropre à tout service militaire peut être appelé, depuis l'âge de vingt ans jusqu'à celui de quarante ans, à faire partie de l'armée active et des réserves, selon le mode déterminé par la loi (titre 1er, art. 3, même loi). Ce mode n'est pas nouveau, c'est l'appel de tous les jeunes gens ayant vingt ans accomplis le premier jour de l'année où il a lieu. C'est la conscription où le tirage au sort. — La préférence que la loi nouvelle a accordée à ce mode m'a inspiré cette réflexion que, par son application, quelques-uns devraient au hasard d'être soldats et quelques autres de ne pas l'être. Si servir de sa personne est un impôt que tout Français doit acquitter, que tous l'acquittent, et qu'il ne soit pas laissé au sort de faire supporter cette charge aux uns et d'en exonérer les autres. Abandonner au sort le recrutement de l'armée m'a paru une inégalité. Plus égal, au contraire, aurait été que tout Français valide fût soldat, et pour que tous acquittassent cet impôt, j'aurais trouvé bien que tous ceux que leurs infirmités en auraient dispensés compensassent le préjudice qu'elles causeraient à l'État en diminuant le nombre de ses défenseurs, par le versement, à la caisse des invalides militaires, d'une

2

somme équivalente à ce préjudice, et dont le paiement aurait été effectué par annuités, de façon à ce qu'ils fussent libérés de cet impôt à l'époque où ils l'auraient été, s'ils l'eussent acquitté de leur personne.

Nul n'est admis dans les troupes françaises s'il n'est Français. Sont exclus du service militaire et ne peuvent à aucun titre servir dans l'armée :

1° Les individus qui ont été condamnés à une peine afflictive ou infamante ;

2° Les individus qui ont été condamnés à une peine correctionnelle de deux ans d'emprisonnement et au-dessus, ont, en outre, été placés, par le jugement de condamnation, sous la surveillance de la haute police, et interdits, en tout ou en partie, des droits civiques, civils ou de famille. (Titre 1er, art 7, loi du 27 juillet 1872.)— Ceux-là aussi, j'aurais désiré qu'ils acquittassent cet impôt, et si la loi avait flétri leur inconduite en leur refusant l'honneur de le faire dans les rangs de l'armée, j'aurais voulu que non-seulement, comme les infirmes, ils le payassent

en argent et de la même façon, mais que, pour
les punir d'avoir, par leurs vices, attiré sur eux
la sévérité des lois, ils en eussent encore ressenti
les effets dans cette circonstance, en subissant
un nouvel emprisonnement ; cependant, si l'ini-
tiative que le gouvernement a eue de proposer
d'édicter une loi sur le recrutement de l'armée
l'a honoré, félicitons aussi l'Assemblée d'y avoir
reconnu le principe qu'être favorisé par la for-
tune ne permettait pas d'échapper à l'acquitte-
ment de cet impôt par le moyen du remplacement (titre 1er, art. 2 et 4, de cette loi) : moyen
qui introduisait dans l'armée des mercenaires
plutôt que des soldats. En effet, pouvait-il être
bon soldat le remplaçant ? Non, parce que cet
homme, qui avait abdiqué sa dignité en faisant
marchandise de sa personne qu'il avait livrée
à prix débattu, passait au régiment tout le
temps qui lui avait été payé sans y apporter
qu'une obéissance passive, au lieu d'un concours dévoué, sans y obtenir l'estime de ses ca-
marades, ni la confiance de ses chefs, ou qu'il
y arrivait avec des habitudes en opposition avec

la discipline et d'un mauvais exemple pour des hommes qui par faiblesse auraient pu l'imiter.

Celui-là sera bon soldat pour lequel le temps passé au service sera un devoir patriotique, dont il s'acquittera en servant et en défendant son pays, sans autre mobile que son amour pour la terre sur laquelle repose la maison où il est né, ou parce que le champ que cultive son père en fait partie.

La session de 1872 à 1873 fut ouverte par la lecture à l'Assemblée nationale du message du Président de la République, dans la séance du 13 novembre 1872.

S'il m'avait fallu, à cette époque, exprimer les sensations que j'avais éprouvées à la lecture de ce remarquable exposé des travaux qu'il avait si patriotiquement dirigés, je ne l'aurais pu, tant j'étais éblouie par leur grandeur et l'importance de leur résultat.

La France, désagrégée comme nation, avait été reconstituée, sa désagrégation morale arrêtée par la politique d'apaisement suivie par le gouvernement, sa libération non-seulement assurée, mais encore rapprochée par l'empressement avec lequel les souscripteurs à ses deux emprunts opéraient leurs versements ; la prospérité de son commerce justifiée par un chiffre différentiel très-important en sa faveur pour cette année 1872, sur celui de l'avant-dernière, et la plus fructueuse année du gouvernement impérial. Ses finances, bien qu'elles ne se fussent pas ressenties des malheurs de la guerre autant que le pays aurait pu le craindre, n'en avaient pas moins été ébranlées. Mais, grâce à quelques sacrifices courageusement acceptés, le budget courant pouvait être soldé et les budgets à venir se trouver en parfait équilibre.

Si, pour l'équilibre du budget de 1872, la difficulté ne se produisait pas dans un excédant de dépenses, elle était à redouter dans l'insuffisance des recettes. — Cette insuffisance. le gouvernement l'avait prévue. D'une part, des impôts d'une nécessité absolue n'avaient pas été encore votés, et il n'était pas possible que ceux qui l'avaient été donnassent de suite la plénitude de leur produit. — D'autre part, il était à présumer que l'esprit de lucre ferait dans cette circonstance que, primant chez ceux dont il est la qualité d'état le sentiment de l'intérêt général, il leur inspirerait l'introduction précipitée d'autant de denrées de leurs commerces qu'ils le pourraient pour les soustraire à l'augmentation des nouveaux impôts. Malheureusement, par cette cause, une somme très-importante a pu échapper à la perception.

Les impôts directs, au contraire, malgré que pour ces deux années les charges aient été accablantes, se percevaient avec une prodigieuse facilité.

A cause de l'abandon en recette de deux sommes qui n'auraient pu y figurer que comme ressources accidentelles, son budget pour 1873 présentait une différence en plus assez importante dans les dépenses sur celui de 1872. Le gouvernement, convaincu par l'expérience que les impôts votés n'étaient pas les impôts payés, avait cru agir sagement en demandant pour la couvrir aux impôts nouveaux plus qu'il n'était peut-être nécessaire. En effet, si le chiffre demandé avait été perçu immédiatement, un excédant se serait produit par rapport aux dépenses et l'équilibre aurait été dépassé dès le commencement de cette année. — Néanmoins la France apprenait avec joie que le moment était proche où cet équilibre, tant désiré et si nécessaire à son crédit, serait atteint. Je n'arrêterai pas plus longtemps l'attention du lecteur sur ce document. Mais je le supplierai de s'y reporter, parce qu'il serait bien qu'il n'oubliât jamais les faits qui y sont mentionnés ni les fautes dont ils ont été la réparation.

Sa seconde partie, après avoir résumé la situation, livrait aux méditations de tous les idées que l'application à la France du régime républicain avait inspirées à son auteur, et que, tout en respectant les aspirations particulières, il conseillait de lui continuer, jusqu'à ce que le moment fût venu pour elle de manifester sa préférence pour un autre, ou d'exprimer sa volonté de conserver définitivement celui-là. Ce message, dont la première partie avait rassuré le pays sur sa situation commerciale et financière, et qui, dans sa deuxième, répondait si justement à ses idées, motiva cependant une proposition grosse d'aventures et à laquelle se rallia une partie de l'Assemblée. Malgré les paroles conciliantes dont s'était servi le chef de l'Etat pour exprimer comment il ne pouvait comprendre ou admettre la République, et la pensée que cette forme de gouvernement, avec l'ordre pour base immuable, pouvait tout aussi bien qu'une autre offrir à la France les mêmes garanties à l'intérieur et lui assurer le même respect à l'extérieur, les membres de cette partie de l'Assemblée s'étaient émus, et avaient cru y voir le témoignage d'une préférence qu'il lui accordait.

Une commission fut nommée pour apprécier cette proposition, qui devait acquérir plus de portée quelques jours après, et surtout à la suite d'incidents qui suivirent une interpellation faite au cours de la séance du 18 du même mois.

Bien que, par son rapport lu à la séance du 26, cette commission témoignât que l'entente avec laquelle l'Assemblée et le chef de l'État

avaient pu accomplir les faits que le Message de
ce dernier avait exposés n'était pas rompue, la
France apprenait néanmoins avec douleur qu'un
antagonisme venait de naître entre les deux
pouvoirs. Elle fut profondément troublée par cet
événement, et, si, il y avait à peine quelques
jours, elle s'était réjouie en apprenant les résul-
tats immenses que ses efforts lui avaient obte-
nus, n'avait-elle pas à craindre qu'il fût pour
elle la cause de nouvelles calamités ?

Mais elle en fut préservée, grâce à l'intelli-
gente autant que patriotique fermeté du gouvernement, et de son amendement qu'accepta l'Assemblée nationale dans sa séance du 29, préfé-
rablement à la résolution substituée à la proposition de M. de Kerdrel, par la commission de
ce nom, sortit la commission des Trente.

Quelques jours après, à l'occasion des péti-
tions dissolutionistes, en faveur ou contre lesquelles les orateurs qui se succédèrent à la tri-
bune soutinrent leurs opinions par la puissance
de leurs paroles, M. Dufaure exprima à son
tour la pensée du gouvernement sur elles, et,

par un discours qui fut chaleureusement applaudi, il détermina l'accord entre le pouvoir exécutif et la majorité de l'Assemblée.

La commission des Trente avait pour mission de présenter à l'Assemblée nationale un projet de loi pour régler les attributions des pouvoirs publics et les conditions de la responsabilité ministérielle.

La République existe, c'est le fait actuel, a dit M. Thiers à cette commission, et puisque les événements l'ont donnée, que personne ne veut élever la question de monarchie ou de république, non-seulement il faut donner à ce dernier gouvernement les moyens de marcher, mais encore assurer son fonctionnement pour l'avenir, afin que, lors de la transmission des pouvoirs de l'Assemblée actuelle et du gouvernement, elle puisse s'opérer sans secousses.

Le premier, et celui auquel il attachait le plus d'importance, était la création d'une *seconde Chambre* (voir ce que j'ai dit au sujet de cette création dans l'*Aurore patriotique*, Paris, novembre 1872, E. Dentu, éditeur).

J'ai considéré comme un grand bonheur d'avoir compris, comme lui, que dans cette création se trouvaient les éléments propres à permettre à l'Assemblée actuelle de prémunir la France contre les périls auxquels elle serait exposée si, en se retirant, elle ne l'avait pas dotée par avance des institutions nécessaires à son existence.

Après que cette commission eut déposé le rapport de ses travaux et lorsque vint la discussion à l'Assemblée du projet de loi qu'elle avait élaboré, M. Thiers, dans un discours où, après avoir fait un rapide récit de ce qui s'était accompli pendant ces deux années passées sous le gouvernement issu du pacte de Bordeaux dont il n'avait jamais cessé d'être le fidèle exécuteur, et en rappelant, dans cette circonstance solennelle, l'esprit de conciliation qui en avait inspiré les termes, soutint le texte pur et simple de cette commission, et acquit au préambule de son projet la majorité des suffrages de l'Assemblée.

Après nombre d'amendements à l'ensemble de ce projet et de vives discussions, l'Assemblée ratifia, par son vote du 13 mars dernier, le texte de la commission qui, dans son patriotisme, auquel je rends hommage, n'avait pas voulu entraver l'œuvre sainte de la libération, en faisant appel inopportunément au pays, pour qu'il manifestât ses préférences pour une forme de gouvernement plutôt que pour une autre.

Il n'est pas important, pour le but que je me suis proposé, que je me préoccupe du texte des art. 1, 2, 3, 4 de ce projet. Par l'art. 5, l'Assemblée nationale ne se séparera pas avant d'avoir statué :

1° Sur l'organisation et le mode de transmission des pouvoirs législatif et exécutif ;

2° Sur la création et les attributions d'une *seconde Chambre* ne devant entrer en fonctions qu'après la séparation de l'Assemblée actuelle ;

3° Sur la loi électorale.

Pour le § 1er, voir, pages 32 et 46, ce que j'ai dit à ce sujet dans l'*Aurore patriotique*.

Pour le § 2, voir pages 36 et 49, *idem*.

Pour le § 3, voir page 24, *idem*.

A propos de la loi électorale, j'ai cru devoir

exposer ici comment je comprendrais l'exercice du suffrage universel ; mais auparavant, je prie le lecteur de vouloir bien me pardonner ma hardiesse d'oser aborder un sujet dont l'importance est l'objet des préoccupations des hommes les plus expérimentés.

La femme, tout aussi bien que l'homme, a souci du sort de la patrie, et plus que lui elle a à souffrir des maux qui peuvent s'abattre sur elle, et s'il dépendait d'une loi mal faite ou mal appliquée que ces maux fussent la guerre civile ou la guerre étrangère, elle serait frappée comme fille, sœur, épouse et mère. Voilà pourquoi, femme, j'ose intervenir dans le débat, non pas pour y prendre part, mais pour supplier les hommes qui tiennent les destinées de la France dans leurs mains de les lui faire heureuses, en apportant à la confection de cette loi, dont l'influence sur elles sera grande, un esprit de justice éclairé par un patriotisme sincère.

Il ne saurait être trop demandé de garanties à celui qui postule pour exercer le droit de concourir, par son vote, à la composition de l'Assemblée nationale.

1° En sollicitant son inscription sur les listes électorales, il devra la preuve qu'il a depuis au moins *une année* un domicile réel dans la circonscription, et qu'il y est connu sous les noms mentionnés sur les pièces de son état civil;

2° Que ses moyens d'existence sont honorables.

Si à vingt ans, à cet âge où on n'est plus enfant et cependant pas encore homme, on est propre à exposer sa vie pour la défense de la patrie, il ne s'ensuit pas de là qu'à cet âge le jeune Français puisse donner, sans péril pour elle, son suffrage à celui-ci plutôt qu'à celui-là. C'est assez de lui demander son courage, et ce sera seulement quand il aura payé cette première dette que devront commencer pour lui ses devoirs de citoyen.

D'ailleurs, par son passage au régiment il y aura été préparé.

En effet, au régiment, où la personnalité disparaît, l'idée de ne pas suivre le drapeau, quand il le guide au-devant de l'ennemi, ne se présente que rarement à l'esprit du soldat français, et c'est à son honneur.

Eh bien, qu'il agisse ainsi lorsqu'il sera rentré dans la vie civile, qu'il sache, au moment de donner sa voix au candidat qui la sollicite, faire taire ses préférences, qu'il la lui refuse s'il acquiert la certitude qu'en la lui accordant il y aurait danger pour la patrie, et qu'il la donne, au contraire, à celui qui n'en compromettrait pas les intérêts.

L'électeur qui comprendrait ainsi exercice de son droit serait un vrai patriote.

L'abstention ne devrait être admise que pour le cas de maladie ou d'absence de l'électeur, retenu au moment du vote au-delà des limites de l'arrondissement départemental. La preuve, dans ces deux cas, serait fournie au maire dans le délai d'*un mois*, à partir du jour indiqué pour le vote.

Passé ce délai, l'électeur serait considéré comme coupable du crime d'indifférence politique, et, à la requête du maire, le juge de paix, par un jugement sans appel ni opposition, aux frais et dépens de l'électeur, ordonnera sa radiation sur les listes électorales.

Copie de ce jugement sera faite et affichée, aux frais du délinquant, à la porte de la mairie et dans le local de la section à laquelle il appartenait pendant toute la durée de la période électorale suivante.

Cette manière de comprendre la pratique du suffrage universel avec la garantie du domicile réel certifiée par la similitude du nom sous lequel il serait occupé avec celui mentionné sur les pièces d'état civil de l'électeur ; de sa moralité, justifiée par ses moyens d'existence ; de son âge, qui le prémunirait déjà contre des égarements dangereux ; de sa conduite au régiment, de la probité que je voudrais qu'il apportât dans son vote ; de l'abstention et de la pénalité dont elle serait l'objet, explique à quels suffrages auraient dû de faire partie des *Cercles locaux* dont j'ai parlé dans l'*Aurore patriotique*, page 33 (E. Dentu, éditeur, Paris, nov. 1872), les hommes qui auraient été reconnus aptes à la députation.

Pour ceux-là, lorsqu'à cette école du député ils auraient mérité que, par leurs votes, les électeurs leur en accordassent le mandat, je voudrais qu'ils ne l'obtinssent qu'à l'âge où, tour à tour vaincu et vainqueur dans l'arène des affaires publiques, l'homme a acquis l'habileté dans la lutte, soit quarante ans. Et, comme à l'électeur, je lui demanderais aussi la probité dans l'exercice de son mandat et le sacrifice de ses préférences lorsqu'elles seraient en opposition avec les intérêts de la patrie.

Je voudrais que, par l'abstention, il ne pût pas se récuser dans l'exercice de ses fonctions. Investi par ses électeurs du droit sacré de les représenter, il ne devrait pas y faillir. Dans ce cas, je désirerais que son indifférence politique fût pour lui la cause d'un rappel à l'ordre, dont il serait fait mention dans le *Journal officiel*, et que ses électeurs fussent convoqués pour pourvoir à son remplacement.

Non-seulement les années amènent pour l'homme l'affaiblissement de ses forces physiques, mais encore celui de ses facultés morales.

Et, bien qu'il nous soit donné de voir que quelques-uns, comme par une grâce spéciale, ont été privilégiés à ce point d'avoir conservé les unes et les autres jusqu'au-delà de la limite ordinaire, il ne doit pas s'ensuivre que cette exception devienne la règle, et qu'arrivé à l'âge où, affaibli, l'homme décroît, il ne fût pas aussi imprudent de sa part de solliciter la députation, que de celle des électeurs de la lui accorder. La gloire que le soldat s'est acquise dans les combats, l'importance des services que le magistrat, l'administrateur, le fonctionnaire ont rendus à l'Etat, est-elle diminuée quand vient pour eux l'heure de la retraite? Non. La reconnaissance publique les y accompagne. Le courage de l'un, les vertus civiques des autres sont offerts en exemple à leurs successeurs. Pourquoi n'en serait-il pas de même pour le député?

Au moment où cette grave question des garanties propres à assurer la sincérité du suffrage universel va être l'objet des discussions les plus ardentes, il était nécessaire que j'indiquasse ici celles qui avaient mérité mes préférences, sans préjudice de ce que j'ai dit déjà, sur ce sujet, dans l'*Aurore patriotique*, pages 26, 32 à 41.

Dans cette brochure, pages 42 à 49, j'indique aussi dans quel cercle de personnalités la France pourrait trouver celle qui mériterait que son choix s'arrêtât sur elle, si, après avoir accompli l'œuvre de sa libération, l'illustre homme d'Etat, qui est à la tête du gouvernement auquel elle l'aura due, venait à lui manquer.

Puisque je viens de parler de la libération dont chaque heure nous rapproche, que les derniers jours du provisoire s'écoulent, que j'ai exquissé à grands traits les principaux actes de ce régime qui nous l'aura procurée, et sans préjuger s'il pourra devenir définitif, ce grand acte accompli, voyons, cependant, si, les circonstances auxquelles la France aura dû la République n'existant plus, il n'y aurait pas intérêt pour elle à revenir à un de ceux qui l'ont précédée.

Certainement que, si ce gouvernement, après avoir reçu toutes les améliorations propres à assurer le jeu régulier de son mécanisme, été doté des institutions les plus conservatrices, pouvait garantir à la France l'ordre et la stabilité dont elle a tant besoin, je n'aurais pas soulevé cette question.

Mais, pour moi, il y a doute.

Et pour que déjà, avec lui, elle arrive sans secousses au jour de sa délivrance, il lui aura fallu la préoccupation constante de l'atteindre et la puissante personnalité de M. Thiers.

Mais, après que, libérée, l'Allemand ne foulera plus son sol, de combien d'ambitions le fauteuil présidentiel deviendra-t-il le but? combien de mains tenteront-elles de s'emparer du pouvoir tombé dans le domaine public? dans combien de comités occultes naîtront les unes et aidera-t-on les autres? sous le prétexte fallacieux que, la République étant le gouvernement de tous, chacun peut se l'approprier et l'accommoder à sa guise. Je dis cela sans parti pris contre lui; l'amour seul que j'éprouve pour la France me fait craindre pour elle ce danger que, dans des luttes possibles, grâce au sens faussé du mot, son unité disparaisse dans autant de républiques ennemies !

Les jours où la séparation des départements du Midi d'avec le reste de la France a été sur le point de s'accomplir sont-ils si éloignés ? Non, cependant. — Eh bien ! tirons donc, de cette tentative de sécession que quelques villes renouvelèrent plus tard, cet enseignement que les temps sont venus de lui donner un gouvernement qui répondrait à son génie, dont ses institutions lui rendraient l'exercice facile, qui s'appuierait sur la famille dont la patrie n'est que l'image agrandie, et sur la religion, qui fait que les hommes s'aiment dans l'une et se dévouent pour l'autre.

Si, comme je l'ai dit ailleurs, la chaîne de la tradition monarchique est brisée en France, doit-il s'ensuivre que cette forme de gouvernement, mise en rapport avec l'esprit actuel et les aspirations qu'il a fait naître, ne puisse pas y être appliquée de nouveau ? Je ne le pense pas. Et, si, parmi les représentants des familles dont la monarchie a été l'apanage, il s'en trouvait un qui voulût loyalement lui en faire faire l'essai, nul doute qu'elle n'y consentît avec joie.

Trois dynasties se présentent à son choix.

Mais comme l'unique héritier de la première, après avoir compris que la France ne pouvait pas faire retour à des choses d'un autre temps, a déclaré en très-nobles termes, dans une correspondance devenue célèbre, qu'il ne transigerait jamais avec le devoir qu'il s'était imposé de conserver intact le principe en vertu duquel ses ancêtres avaient occupé le trône, que, devrait-il mourir sans leur avoir succédé, il aurait au moins la suprême consolation d'en avoir été le gardien fidèle et d'en laisser le souvenir pur de toute atteinte, nous n'avons pas à nous en occuper.

Néanmoins, je rends hommage aux sentiments chevaleresques qui lui ont fait prendre cette décision et en même temps repousser toute part de complicité dans les troubles qu'une tentative de restauration faite en sa faveur pourrait occasionner en France.

La seconde, monarchie usurpatrice, produit de deux coups d'Etat, a, à la suite des fautes commises par chacun des deux hommes qui l'ont représentée, infligé à la France la honte de l'envahissement et, à ce moment où j'écris ces lignes, elle subit encore l'humiliation du dernier.

Du côté de celle-là je n'ose pas croire que jamais un Français ose tourner ses regards.

L'effondrement du premier Empire, la restauration de la monarchie d'avant 1789, les regrets qui accompagnèrent l'un dans sa chute, la joie qui fut témoignée au rétablissement de l'autre, le retour subit à des choses que les anciens avaient oubliées et que les jeunes n'avaient pas connues, furent autant de causes qui firent naître et entretinrent en France des sentiments dont l'explosion se traduisit par la révolution de 1830, qui fut l'avénement de la troisième.

Bien qu'animé des meilleurs sentiments, le nouveau roi que la nation venait d'acclamer devait voir échouer ses efforts contre les embarras qu'allaient lui susciter, non-seulement ceux que la monarchie qui venait de tomber avait entraînés dans sa chute, mais encore les bonapartistes dont le nombre s'augmentait des adhérents qu'attirait à ce parti la légende napoléonienne qu'un chauvinisme habile colportait jusque dans les campagnes les plus reculées. La remise des restes de Napoléon Ier qu'il obtint de l'Angleterre, les honneurs qu'il leur fit rendre à leur retour en France, son indulgence même pour celui qui fut Napoléon III, la propagation parmi les classes ouvrières de doctrines décevantes, les nombreux attentats dont il fut l'objet et auxquels une grâce providentielle le fit échapper ! toutes ces causes réunies n'ont-elles pas pu l'empêcher de faire tout le bien qu'il s'était promis ?

Pourquoi donc aujourd'hui la France ne permettrait-elle pas à celui des princes ses fils qu'elle en aurait reconnu capable de reprendre cette partie de la tâche que leur père a laissée inachevée ?

B. DE FRANCESCO.

Villa Napoli.

527. — Paris. Imprimé par Charles Noblet, rue Soufflot, 18.